AF416950

PRÓLOGO

Este nuevo libro se llama Tras el Invierno porque fue una válvula de escape en mi invierno particular, mientras la persona con la que compartí mi vida se iba a marchas forzadas.

Hoy, tras el invierno, intenta llegar la calma. Quiero pensar que hay un poco de esperanza tras esos días grises.

Quiero agradecer a todos y cada uno de los que me arroparon en aquellos días: A mi familia, a mis hijos, a mis nietos y a los amigos que son familia.

A todos ellos mil gracias.

A Silvia, mi niña, por su ayuda siempre, y a esas personas especiales que me dieron su tiempo y su cariño para que mi invierno no fuera tan frío en mi corazón, siempre en deuda con vosotros.

Y para ti, siempre te llevaremos en el corazón.

Tras el Invierno

EL COLOR DE LOS SUEÑOS

Y a pesar del olvido
aún me queda el recuerdo,
del calor de la vida
del color de los sueños.
Tú bailabas callado
dentro del pensamiento,
yo quizás respiraba
pero no lo recuerdo.
En tus brazos callada
recorría el tormento,
del sabor de tus labios
disfrutando el momento.
A pesar del olvido
aún me queda la pena,
de seguir recordando
las palabras del viento.
Pues apenas decían
para mi entendimiento,
que el amor es un juego
que a veces perdemos.

Que se marcha callado

sin poder detenerlo,

pero a pesar del olvido

aún me queda el recuerdo.

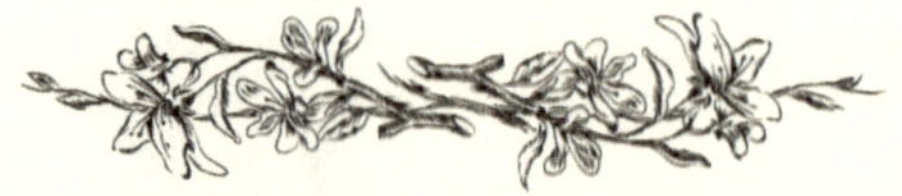

SÍ, SE ME ESCAPA

Se me sale el corazón por la ventana

cada vez que recuerdo tu sonrisa,

y me guiña un ojo curioso

al mirarme con cara de morriña.

Se me sale el corazón por la ventana

cada vez que veo un niño sin sonrisas,

con sus ojos plagiados de misterios

donde solo hay tristeza infinita.

Se me escapa el corazón a cada paso

por mirar tanta tristeza y agonía

en la cara de las gentes que ya saben

que su vida está pendiente de un hilo.

Sí, se me sale el corazón por la ventana

cada vez que miro una injusticia,

que los grandes por ser grandes en dinero

no son grandes si le falta el cariño

de unas manos que les quieran y les cuiden

y les mimen sin pedirles su permiso.

Se me sale el corazón y yo lo dejo,

se me sale y me alegro infinito

por poder querer a todos por igual

desde el grande hasta el más chiquitito,

sin embargo mi cariño siempre está

para esos que más lo necesitan.

Se me sale el corazón por la ventana

de lo cual yo me alegro infinito.

Porque eso significa que no ha muerto

de inercia por la vida engullido.

Y se me sale el corazón bailando alegre

cada vez que veo tu sonrisa.

SIEMPRE QUEDA ESPERANZA

Y a pesar de todo esto
siempre queda esperanza,
de una vida con flores,
donde viva la magia.
Donde el sol nos sorprenda
al nacer la mañana,
abrazados sonriendo
sin tener que soñarlo.
Aun nos queda un jardín
y aun queda un cuadro,
donde vive el amor
en las almas pintadas.
Aún queda un recuerdo
para la añoranza,
y allá en el cielo
una estrella brillando.
Por que ahí donde estemos
seguiremos pensando,
que aún quedan los sueños
traspasando ventanas,
porque aún no hay paredes

que consigan guardarlos.

Y a pesar de todo esto

aunque no mires nada

aún nos queda la vida

y una rosa en el alma.

MUERTO

Claridad porque te has ido
y me has dejado tirado,
por quererla vivo solo
con el recuerdo guardado.
Con el vacío infinito
que su amor me ha dejado,
y a pesar de estar muerto
aún sigo encadenado.
Respiro porque respiro,
respiro por no ahogarme,
respiro por no morirme
otra vez de desengaño
que ya morirme me he muerto
pero sigo respirando.
Viviendo entre recuerdos
con los recuerdos soñando,
y cuando te veo a lo lejos
por no gritarte me callo,
aunque el grito me ahogue
con un nudo la garganta.

Claridad porque te has ido
y me has dejado tirado,
la claridad de tus ojos
por esos que yo miraba,
que se han cerrado y me quedo
muerto pero respirando.
Más muerto que el del entierro,
más muerto que mis palabras.

VIDA CON VIDA

Quiero amanecer contigo
piel con piel, vida con vida,
que lo primero que vea
sea, amor, tu sonrisa.
Perderme entre tus brazos
como el agua en la marisma,
y mirarme en tus ojos
cada día de mi vida.
Quiero sentir la mañana
mirarte como sonríes,
y que los rayos del sol
envidien nuestras caricias.
Quiero sentir que amanece
entre tus brazos fundida,
seremos solo un cuerpo
piel con piel, vida con vida.
Y que el olor de tu cuerpo
sea el aire que respiro,

tan necesario a mi cuerpo

como el agua a la vida

y despertemos así

piel con piel, vida con vida.

PALABRAS

Son solo palabras
las que dicen mis labios
son solo palabras
las que escriben mis dedos.
Son solo palabras
las que dicta mi alma
son solo palabras
que grita mi mente.
Y en cada palabra
un suave te quiero
envuelto en brumas
que cierran los cercos,
con lazos que guardan
envueltos deseos.
Deseos de hallarte
entre mis desvelos
guardando recuerdos
de días inciertos.
Inventando historias
cobijando sueños
tú eres chiquito

yo más si se puede.

Y al fondo del alma

susurrando versos

hay solo palabras

que atrapan deseos.

Y al final volvemos

a ser lo de siempre

son solo palabras

que escriben mis dedos.

ESTÁ LLORANDO EL JARDÍN

Las rosas se han secado

y está llorando el jardín,

las margaritas susurran

quedito no está aquí.

El girasol ya no quiere

no quiere mirar al sol,

y las hortensias azules

han cambiado de color.

En la charca no se escucha

ni a las ranas croar,

y los pájaros que había

han dejado de cantar,

y hasta la luna en la noche

no ha querido brillar.

Se ha vestido de luto

igual que el corazón,

y solamente se escucha

un lamento por canción.

Yo te quería de veras

más no te pude querer,

que hasta el mundo se detiene

porque no te puedo ver.

TE ENCONTRÉ

Te encontré

al doblar aquella esquina,

me miraste y en tus ojos

descubrí mi melodía.

Tú me tendiste la mano

yo tan solo sonreía,

dijiste: no tengas miedo

coge mi mano y camina,

y cogidos de la mano

caminamos por la vida .

Con el alma iluminada

como el sol al mediodía,

y entre sonrisa y sonrisa

construimos fantasías

A QUÉ SABE LA DISTANCIA

¿A qué sabe la distancia?

Si la disfrazas de olvido,

es como torcer la mirada

cuando te cruzas conmigo.

Mirar hacia el verde valle

para no ver el camino,

donde se alejan tus pasos

perdiéndote en las esquinas.

¿A qué sabe la distancia?

Si la disfrazas de olvido.

BAILANDO CON MARIPOSAS

Bailando con mariposas
al otro lado del río,
tú me mirabas callado
yo me moría de frío,
que entre tu cuerpo y mi cuerpo
siempre existía un vacío.
Un vacío que apartaba
tu mirada de la mía,
nuestras manos no alcanzaban
para tocar las mejillas,
aunque ambas estuvieran
a la par siempre tendidas.
Bailando con mariposas
al otro lado del río
yo te miraba callada,
mientras tú me sonreías
y sin querer te alejabas
sonriendo pero vacío.
Vacío de sentimientos,
vacío de besos míos,
vacía hasta el alma

que se moría de hastío.

Porque tu alma y mi alma

se rompían cada día

bailando con mariposas

al otro lado del río

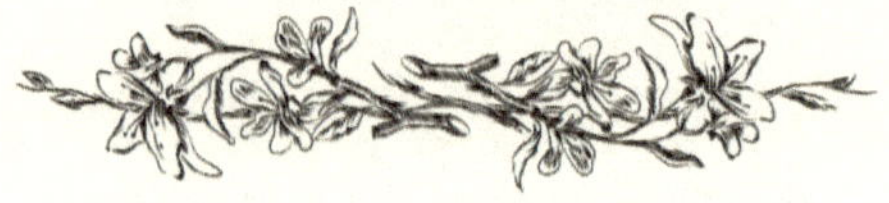

Y A PESAR DE TODO

Paseaba solitaria
con la mente en otro lado,
su sonrisa dice cosas
de eso que va pensando.
Pero sus ojitos tristes
transparentes como el agua,
dicen que su alma clara
siente pena y nostalgia.
Pero calla, nada dice
sigue sus pasos cansados,
con su mirada perdida,
perdida pero encontrada,
en una esquina del tiempo
sentada con otra alma.
Y camina
por caminos solitaria
va sonriendo a la vida
sonríe como si nada,
como si no fuera hoy,
o no hubiera un mañana.

Como si no hubiera tiempo,

ni paz, ni vida, ni nada.

Y en una esquina del tiempo

toma asiento callada,

su sonrisa sigue viva

sonríe como si nada,

como si la vida fuese

solo un cuento de hadas.

Y no pudiera dolerle

ni herirla como una daga,

sabe que la vida sigue

y entonces nunca se para.

Sonríe porque sonriendo

que total no pasa nada,

pues pasea solitaria,

como si fuera una extraña

con la mirada perdida

sonriendo como si nada.

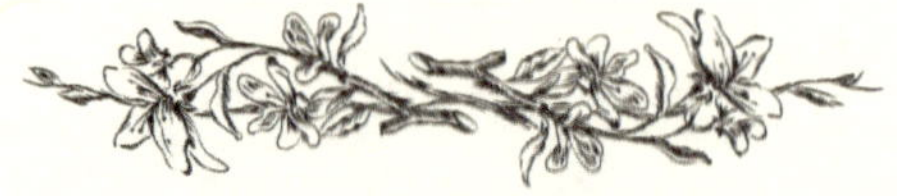

DÉJALAS SOÑAR

Y se van rompiendo todos mis matices
se van convirtiendo en viento al pasar,
en lugar de sangre tengo corazones
que laten sin rumbo por la eternidad.
Me vuelvo paloma y tú vuelas muy bajo,
me siento agua de lluvia cayendo en abril,
me siento princesa en un cuento de hadas
y hasta girasol buscando tu luz.
Se me van rompiendo todos mis matices
me vuelvo un jilguero cantando por ti,
soy un pececito nadando alegre
y soy mariposa volando feliz.
Porque se rompieron todos mis matices
jugando a ser duende un amanecer,
tu alma y la mía se fueron de fiesta,
y ahora dicen que no han de volver.
Tú que me miras y no entiendes nada,
yo encojo mis hombros y sigo aquí
son como dos niños jugando en el parque
que nunca se quieren marchar a dormir.

Te miro y me miras, me tiendes la mano

pues nada podemos nosotros hacer

ahí al ladito hay un viejo banco

deja que disfruten de ese querer.

Que la vida pasa sin que te des cuenta,

y a veces te mueres antes de nacer.

POR UNA MIRADA

Yo me sentaba a esperarte
siempre en aquella esquina,
tu pasabas a lo lejos
que yo estaba, no sabías.
El sol se marcha despacio
despacito de mi vida,
y tu caminas de lejos
que te espero, no sabías.
Pero un día tropezaste
sin querer cambiar mi vida,
y pasaste por mi lado
me miraste y te perdías.
Más al final de la calle
yo te vi que te volvías ,
y al mirarte sentí
que eras parte de mi vida.
Desde entonces yo me siento
en el parque cada día,
y cada día tu cruzas
tu mirada con la mía.
Y nada hay que contarnos

nada queda que decirnos,

pues las palabras nos sobran

y simplemente sentimos.

Tantas cosas, tantas cosas

que sin hablarnos decimos,

que el mundo hasta se para

para juntar los caminos.

Y tu sigues adelante

y yo me quedo y te miro

desde ese banco del parque

que nos puso el destino.

Y tu mundo es mi mundo

y el mundo es tan chiquito

que se queda concentrado

en un banco del camino.

VESTIDA DE TERCIOPELO

Te miraba en el rosal

con gotitas de rocío,

casi parecían perlas

adornando tu vestido.

Vestido de terciopelo

de terciopelo vestida,

el viento mueve tu tallo

como bailando contigo.

Y los pájaros que cantan

te acompañan con sus trinos,

y yo te miro, te miro

y pienso que estas divina

vestida de terciopelo,

de terciopelo vestida.

Pues la noche te adornó

con gotitas de rocío

y eres la reina perfecta

de mi jardín preferido.

PARA NO EXTRAÑARTE

34

Hoy he puesto en mi alma un cerrojo

y la llave la he tirado al mar,

para que no me venzan los recuerdos

para no volverte a extrañar.

Te he guardado entre mis cuatro paredes

con canciones sonando sin parar,

y en las cuatro esquinas he plantado

en cada una un lindísimo rosal.

Para que nunca quieras escaparte

y así no volvernos a encontrar.

Pues he puesto en mi alma un cerrojo

y las llaves las he tirado al mar

para nunca más bailar con tu recuerdo

para nunca volverte a extrañar.

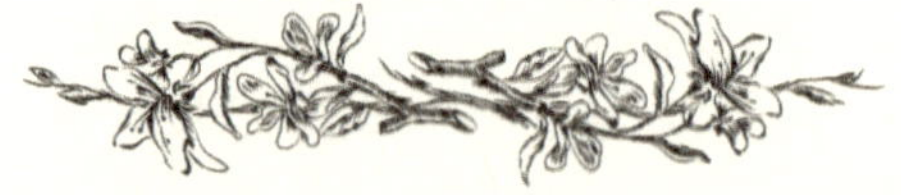

TRANQUILA MI NIÑA

Y si yo te miro vuelves la mirada
me escondes los ojos en una palabra,
tú siempre repites no me pasa nada
tranquila mi niña no me pasa nada.
Pero yo te miro y te miro el alma
y veo otros ojos que no dicen nada,
entonces lo veo al ver tu mirada
todo en su sitio sin una palabra.
Entonces soy yo quien vuelve la cara
quien dice tranquilo que no pasa nada,
son cosas que ocurren, son cosas que pasan
te dejo que vivas aquello que amas.
Yo sola me alcanzo, yo sola me basto
y me voy despacio con estas palabras.
Sonando bajito sin perder la calma
tranquilo mi niño, que no pasa nada.

MIRA AL INFINITO

Cuando sientas ganas de mirar sus ojos,
cuando sientas ganas de volver atrás,
cuándo la nostalgia te meza en sus brazos
y tengas mil cosas por las que llorar.
Entonces mi niño mira al infinito
y piensa en las cosas que viven ahí,
cobija recuerdos de miles de vidas
que siguieron vivas viviendo aquí.
Con miles de penas, con risas, con llantos
y con mariposas volviendo a brillar,
bailando alegres sobre otras flores
que fueron hallando en su caminar.
Si cierras los ojos el mundo es un sueño
si miras adentro el amor también,
porque va y viene según sople el viento
y nunca en la vida se va detener.
Él sabe caminos que no conocemos
y lo que ha de ser sin duda será,
nadie marca el rumbo de sus decisiones
aunque lo parezca, no es realidad.

Por eso sonríe, no vuelvas la cara
camina adelante sin mirar atrás,
que habrá mariposas volando en las flores
que quizás te duren una eternidad.

HAY QUIÉN PUDIERA

Y saqué un billete hacia nunca jamás
pero ese sitio nunca me llegó a gustar,
está oscuro, mata recuerdos,
mata sonrisas, casi no duele,
pues en el vacío hasta el alma muere.
Cierro los ojos ¡Hay quién pudiera!
Robar sonrisas, abrir fronteras,
vivir la vida sin tanta puerta,
puertas cerradas, lenta la espera
duermen sonrisas sin tus quimeras.
¿Quién me ha enseñado a vivir sin guerra?
¿Quién me ha mostrado mi duermevela?
¡Vivo o no vivo , muero o no muero?
Todo en el aire, vana es la espera
dame la mano, haz que me mueva
coje mis dedos nunca me dejes
fuego en el agua, vida en la guerra
paz en mi alma, paz en mi espera,
paz que promete , quien la tuviera.

TE ROBARÍA

Te robaría un te quiero
para adornar mi morada,
lo cubriría de besos
al despertar la mañana.
Pondría rosas y lilas
y florecillas pequeñas,
porque sería bonito
repleto de cosas bellas.
Te robaría un te quiero
para adornar mi morada
y lo pondría bien cerca
al ladito de mi almohada,
para compartir los sueños
que nacen desde la nada.
Pero robar no se puede
porque dicen que es pecado,
que lo robado no luce
es lo que me han enseñado.

Igual es una mentira

y estaban equivocados,

pero te robaría un te quiero

toditas las madrugadas.

EN LAS CURVAS DE LA VIDA

Caminando junto a ti

en las curvas de la vida ,

tú caminas a lo loco

yo camino de puntillas,

con el cariño a flor de piel

y de frente una sonrisa.

Se marcharon los recuerdos

varados en una esquina,

se escondieron de todo

de todo lo que han vivido,

porque recordar no sirve

para volver a sentirlo.

Caminando junto a ti

en las curvas de la vida,

tú caminas con soltura

yo camino de puntillas,

pero sigo caminando

el camino de la vida.

EL SAUCE

Bajo mi gran árbol

me siento segura,

me abrazan sus ramas

bajo la espesura.

Me cubren de sombra,

cobijan silencios

y arrullan mis sueños

en días inciertos.

Y al atardecer

le cuento mil cuentos,

que nacen callados

en mis pensamientos.

Me da protección

cuando el sol calienta

y en días de invierno

me esconde del viento.

Y cuando estoy triste

me abraza en silencio,

como si dijera, tranquila, espera,

quédate callada

que nada es eterno.

Porque en esta vida

todo va y vuelve,

las penas, las risas,

las flores del huerto,

la gente se marcha

sola y en silencio.

Pero mientras tanto

camina y no dejes

que algo te aparte

de tus sentimientos.

No sé si es mi árbol

o son mis quimeras

pero entre sus ramas

yo así lo siento,

Pues mi viejo árbol

me abraza en silencio

y entre sus ramas

me siento pequeña,

pequeña, callada,

perdida en el tiempo

jugando a ser niña

solo ese momento.

A VECES

A veces te hecho de menos

por que a ratos no te siento,

te has marchado y me has dejado

sola con mis sentimientos.

Pero sin ti no se puede,

hay no se puede vivir,

cómo mirar el camino

si tú no estas junto a mí.

Cómo contemplar las flores,

como la arena del mar

cómo mirar nuestras huellas

al volver la vista atrás.

Cómo alzar la mirada

para admirar las estrellas,

si no lucen tan hermosas

cuando tú no estás en ellas.

Cómo entender cada día

al despuntar la alborada,

los trinos que los jilgueros

le dedican a su amada.

Cómo contemplar las gotas

de lluvia en los cristales,

sin ver que son las caricias

de la lluvia a las ventanas.

Cómo mirar una rosa

que luce en un rosal,

sin desear que se quede

para siempre en su lugar,

y tocarla con tus dedos

sin quererla lastimar.

Y es que a veces nuestra magia

sin quererlo se nos va

y todo se vuelve oscuro

nada se mira igual.

Hasta que un día cualquiera

se le da por regresar,

y el sol de nuestra vida

vuelve de nuevo a brillar.

QUÉ ESCONDES

¿Qué escondes detrás de tu sonrisa?

¿Qué escondes detrás de esa mirada?

Cuántas cosas quedaron sin decirse

y caricias bajo llave encerradas.

Cuántos sueños escondidos en la hucha

esperando para ser realizados,

cuántas risas quedaron por reírse

cuántos cuentos están inacabados,

son los sueños que se mueren por ser libres

pero son los que nunca se han contado.

¿Qué se esconde detrás de tu sonrisa?

Cuánta pena dolor y hasta lágrimas

enrolladas entre tules de colores

disfrazadas con sabor a carcajadas.

Que se mueren siempre en medio del camino

y no llegan a ser nunca escuchadas.

¿Qué se esconde al fondo de tus ojos?

¿Qué se esconde en el centro de tus manos?

Y no te apures no quiero confesiones

solo son pensamientos mal pensados.

Deja pues que se duerman tus sonrisas

a la par que yo cierro mis manos

que en todas las personas hay un mundo

que prefiere estar libre de miradas.

Que se quede escondido en bambalinas

¿Quién soy yo?

Para que tengas que enseñarlo.

Solo quiero saber que no estoy sola

por que tú me acompañas a pensarlo.

UN DÍA VOLARÉ

Poquito a poco

me voy sintiendo más ligera

como un viento suave

que me empuja al mar,

y un día voy a ser agua

que muy suavemente se va.

Seré la esencia de un sueño

seré la espuma del mar

seré la brisa que roce

tu alma rota al pasar.

Seré el olor de la rosa

perdido en la inmensidad

la sonrisa en un chiquillo

y un bostezo al despertar.

Y quiero ser mariposa

aunque no sepa volar

y perderme en tu risa

con la que quiero jugar.

Por que un día seré brisa

seré esencia nada más

y seré lo mas bonito

que nadie pueda contar.

Porque seré lo que quiera

lo que pueda desear

me alejaré de mi cuerpo

lo haré sin mirar atrás

porque seré arco iris

entre lluvia de verdad.

Y volaré por la vida

de quien me quiera pensar.

Así viviré por siempre

viviendo la eternidad.

RECUERDOS

Aullaban los recuerdos
como fieras enjauladas
con sus garras como escarpias
entre hierros de su jaula.
Y a pesar de que sabían
que no iba a servir de nada,
intentaban como locos
escapar de su morada.
A fuerza de hablarles quedo
conseguí que se callaran
aunque no muy convencidos
recelosos me miraban.
Mis razones no le sirven
pero esta vez lo he logrado.,
aunque sé que a cada rato
volverán a intentarlo.
Pero me han dado una tregua
para estar más preparada
intentaré inventarles
mil razones y mil mañas
para engañarlos de nuevo

y que sigan en su jaula.

Con su sonrisa bien puesta

a pura fuerza guardada

durmiendo con su enemigo

el recuerdo de tu cara.

ME BEBÍ TU RECUERDO

Cobijando recuerdos

que me llevan al mar,

sin barquito de vela

sin poder navegar.

He mirado la aurora

justo al amanecer,

he sentido la ausencia

y he vuelto a beber.

Ahogando recuerdos

en un vaso de alcohol,

donde miro la imagen

donde estamos tu y yo.

Me bebí tu recuerdo

lo ahogué en alcohol,

nos morimos de nuevo

sin quererlo los dos.

Y he jurado no verte

no pensarte jamás,

para qué recordar

lo que no se ha de amar.

Y mirando mi copa

intenté sonreír,

dibujé mi sonrisa

y he vuelto a reír.

Con sonrisas de hielo

ahogado en alcohol,

donde hundí los recuerdos

y el rumor de tu voz.

Para ver si se mueren

yo los he de enterrar,

donde nunca en la vida

vuelvan a regresar.

Mientras miro mis penas

y me acuerdo de ti,

se me apagan las luces

que brillaban aquí.

Y te juro que nunca

volveré a encender

los luceros al alba

para alumbrar tu querer.

CASI NUNCA

Casi nunca, casi nada, casi todo

casi nunca nos miramos,

casi nada compartimos,

casi todos los recuerdos

formados de fantasías,

así y todo te extraña

mi corazón y mi vida.

Casi nada se ha forjado

en tu vida y en la mía,

yo he mirado tus ojos

brillar en la lejanía,

aún así he sentido

que traspasaban y herían,

y acarician mi alma

sin sentirse poseída.

Casi nada nos faltaba

para llenar de alegría,

una vida imaginaria

en una nube cautiva.

Soñando con sentimientos,

en sentimientos perdida,

viviendo en la esperanza

de sentirse algún día,

y ese día se ha roto

no más sin haber nacido.

Solo quedan mil recuerdos

vestidos de cicatrices,

con el llanto en los ojos

y el corazón marchito,

adormecido en el tiempo

pero en el tiempo perdido.

No queriendo encontrarse

por no sentirse herido

por doler le duele el alma

ahogada en el vacío

de un silencio que grita

a un corazón que se ha ido.

SOLO SUEÑOS

Son solo sueños amor

son solo sueños,

solo son palabras

disfrazadas de te quieros.

Golondrinas revoltosas

que volando,

dibujaban corazones en el aire.

Pero no pasa nada, amor

no pasa nada,

las sonrisas viven

en un cuento de hadas.

Solo es eso amor

no pasa nada,

son solo sueños

que se duermen en tu almohada.

Rosas rojas

que apenas son cortadas

se marchitan

en un pobre vaso de agua.

Solo es eso amor

no pasa nada,

y si lloro es que estoy muy constipada

y mis ojos

quieren hoy lavar mi cara.

Pero no te preocupes amor

que no pasa nada.

Son te quieros

disfrazados de palabras

solo eso amor

no pasa nada.

NO ES MI CULPA

Vivía en un mundo de duelo

con la sonrisa enfadada,

enfadada con la vida

por sus golpes maltratada.

Y la vida la veía

y la vida la miraba

y a fuerza de callarse

un día así le hablaba:

Yo que nunca quise herirte

nunca quise lastimarte,

yo no fui el que te hería,

no fui yo quien te engañaba.

Yo te dí un recorrido

con los caminos trazados,

pero no he podido darte

gente que te acompañara.

Eso lo dejo al azar

para que elijas zapatos.

Yo no fui quien te hirió,

yo no fui quien te engañaba,

fue un ser que no merece

el regalo que le he dado.

Y si quieres tu y yo

vamos a hacer un trato,

regálame tus sonrisas

por donde quiera que vayas,

y yo te las devolveré

multiplicadas por cuatro,

que el que a ti te hirió

ya llorará un buen rato.

Desde entonces siempre va

con la sonrisa en la cara,

con alegría y feliz

allá por donde pasara.

Sin importarle jamás

con quien ella se cruzara,

aprovechando los cosas

que la vida le donara.

Cada quien hará sus cuentas

al final de la jornada,

que la vida son dos días

sonríe como si nada.

Porque ella, pobrecita,

no tiene culpa de nada

la culpa es de la gente

que no sabe cómo andarla.

CON PERMISO

Con tu permiso

déjame pensarte,

déjame sentirte

déjame mirarte.

Si eres mi estrella

de noche callada,

Si eres poema

de versos del alma.

Si eres sonrisa

en mi madrugada

y el silencio que llena

todas mis mañanas.

Y te vuelves letras

y risa cantando,

y el chiste que arranca

con las carcajadas.

Y eres poeta

que busca en la nada

las notas mas bellas

para mi guitarra

Historias perdidas

en las madrugadas,

que al nacer el día

siempre son halladas.

En forma de olvido

en mentes guardadas,

no quieras saber

cuántas inventadas,

ni cuántas son ciertas

pero ya pasadas.

Por eso te digo

déjame mirarte,

no voy a tocarte

solo imaginarte.

POR NO TENER QUE EXTRAÑARLA

La encerró en un castillo

para que no se marchara,

puso rejas a las puertas

y a todas las ventanas.

Por no perder su cariño

por no tener que extrañarla,

por querer guardar sus besos

en el fondo de su alma.

Pero el amor es esquivo

y sabe burlar los planes,

no pensó que ni las rejas

ni tampoco las corazas,

hacen que un corazón

se mantenga bien guardado.

Porque vuelan los recuerdos

y vuelan las añoranzas,

vuelan las ilusiones

y también las esperanzas.

Y un día regresó

y en el castillo no estaba,

solo quedaba su sombra

en un cuarto rezagada.

Y le dijo , ya lo ves,

no ha servido de nada

porque por querer quererla

has matado sus mañanas,

y se escapó con el sol

en un rayito colgada

LA AMISTAD

La amistad es
un amor de rosas blancas,
una caricia que sientes
solamente con el alma.
Un silencio que no pesa,
un saber que siempre hay alguien
que aunque su puerta se cierre
cuándo tú llamas te abre.
Es saber ver su sonrisa
hasta a millas de distancia,
y sentir su corazón
latiendo allá donde lata,
a kilómetros de ti
pero cerquita del alma.
La amistad es querer ver
mil sonrisas en su cara,
y querer estar ahí
para secar una lágrima.
Es tener su corazón
prendido entre tus manos
y cuidarlo como un niño

que no quieres hacer daño.

Es tener brazos tendidos

siempre para un abrazo,

es saber que aunque por días

no nos vemos ni hablamos,

pero siempre hay ahí

un hombro para apoyarnos.

Si puedo decirte amigo

si así puedes llamarme,

yo agradezco a la vida

y te dejo sin dudarlo

para que cuides de él

mi corazón en tus manos.

DONDE ANIDAN LOS SUEÑOS

Te digo hasta siempre

porque siempre habrá

un rincón del alma

en donde aniden los sueños.

Te digo hasta siempre

porque los recuerdos serán

ese lazo que sujete el sol

para no apagarlos

poquito a poco.

Y te digo hasta siempre

por qué hasta nunca,

dolería demasiado.

Te digo hasta siempre

porque siempre habrá para ti

un rinconcito en mi alma.

Y en ese lugar

en donde anidan los sueños

se dormirá tu recuerdo

para no morir sin él.

EL PEREGRINO

Sus pasos están llegando

a lo lejos lo divisa,

ya sobresalen las torres

el corazón late aprisa.

Ya no pesa la mochila

ya la siente más ligera,

su paso antes cansado

ahora ya casi vuela.

El camino se hizo largo

pero a la vez tan perfecto,

que cada día repite

he de volver lo prometo.

Cuatro meses de camino

tantas cosas que guardar,

compañeros de viaje

que ya nunca olvidará.

Fue difícil el camino

pero compensa la espera

cuando doblando la esquina

divisa la torre entera.

Y suspira ¿Por qué suspira?

Porque Santiago lo espera,

y en el silencio escucha:

Bienvenido a tu tierra.

DECIRTE ADIÓS

Decirte adiós en la distancia

con lágrimas de corazón vacío,

con sonrisa que se lleva el viento

y el pecho envuelto en un suspiro.

Decirte adiós es poca cosa

porque apenas cabe eso en una nube,

de esas que danzan en el cielo

y se van sin dejar gota de lluvia

Decirte adiós es lo que queda

prendido del varal de la desdicha,

las hojas muertas duermen quietas esperando,

indiferentes a los pasos que las pisen.

Decir adiós a veces cuesta tanto,

porque apenas nos separa una caricia,

hay distancias que al paso del cariño

se transforman de enormes a chiquitas.

Decir adiós es ahora lo que queda

y decirlo con la boca chiquitita,

con el alma escuchando cabizbaja,

escondida solitaria en una esquina.

Decir adiós es a veces tan difícil,

porque quiebra las alas del destino

y nos deja en un pozo tan profundo

que se escucha solo el eco del vacío.

Decir adiós ahora es lo que queda,

pues la vida ya pactó con el destino.

Feliz viaje.

UN ABRAZO DE LUNA

Un abrazo de luna,
una flor en los labios,
una suave caricia,
un color en mi alma.
Una puerta abierta
donde no entre la nada,
una voz que me haga
reírme a carcajadas.
Un abrazo de luna
una flor en los labios,
un latido que diga
que nunca pasa nada.
Que la vida camina
como lo hacen las hadas,
enredadas al viento
y meciendo sus alas,
inventándose historias
donde todo está en calma.
Donde viven sonrisas
donde nace en el alma,
la ternura infinita

que nos da una mirada,

que nos cuenta mil cosas

sin ninguna palabra.

Un abrazo de luna,

una flor en los labios,

un te quiero chiquito

y un poquito de calma.

SE VOLVIÓ BRISA

Y la mañana se volvió brisa

y la sonrisa murió en los labios

y la esperanza y la alegría

empacan sus cosas para alejarse.

Pero la noche bailando sola

luciendo bella viene danzando

y la mañana se volvió brisa

pues sin quererlo se enamoraba,

del manto alegre hecho de estrellas

que ella lucía en su viaje

y la esperanza y la alegría

dejaron todo para quedarse.

PARA TI

Cuando el tiempo pasa
te vuelves infinito,
y vuelve tu recuerdo
ahora que te has ido.
Vuelve la nostalgia,
recuerdo tu sonrisa,
tus manos, tu cabello,
tu inmensa alegría.
Recuerdos tus canciones,
recuerdo tu ternura,
cuando me arrullabas
sentada en tus rodillas,
yo me acurrucaba
y sonriendo me dormía.
Ahora que te has ido
te vuelves infinito
aunque yo ya pensaba
que siempre lo has sido,
pero me equivocaba
te agrandas cada día.
Y quiero recordarte

luciendo una sonrisa,

la misma que yo tengo

aquí mientras te digo

que mientras pasa el tiempo

te vuelves infinito.

Mientras crecen los años

yo más y más te admiro,

porque eras la bondad,

ternura y cariño

y cada día nuevo

te vuelves infinito.

Que aquí en el recuerdo

aquí estas conmigo,

cuidando de mis días

cuidando mi camino.

Te quiero con el alma

y con el alma digo:

feliz día papá,

con todo mi cariño.

A VECES

A veces lloras, a veces ríes,

a veces amas, otras olvidas,

a veces sufres y estás perdida

y en tu mirada ya no hay vida,

todo se apaga, todo termina

todo es muy grande y tu chiquitita.

Y un día entiendes claro y sin prisa

que este es tu mundo y esta es tu vida

que el aire sopla en armonía

para que puedas vivir tranquila.

Que eres la rueda de aquel molino

que empujabas y no tenías

que eres la rosa que florecía

para que brilles no porque miren.

Que eres la historia que elegiste

que no te cambien lo que escribiste

naces al mundo con un destino

para disfrutarlo no para sufrirlo.

Eres mujer, parte del hilo

que mueve el mundo con tu equilibrio.

Eres amor, eres la vida,

eres dulzura y a veces mimos
eres montaña o junco fino,
eres tormenta o suave brisa.
Y sobre todo, nunca lo olvides
eres muy grande, nunca chiquita,
camina al frente, la cara erguida
con paso firme y una sonrisa.
Porque eres mujer
y por eso, eres vida.

ME BEBERÍA EL MUNDO

Me bebería el mundo

sin hielo, sin miedo, sin ganas.

Me bebería todo, hasta el ultimo gramo,

por sentir la brisa rozar mis manos

y que en su aroma traiga la luz al alma.

La luz del día, la fe, la calma

y un baile de mariposas bailando al alba.

Por sentir la brisa rondar mi alma,

por bailar canciones que me tocaron

el corazón la vida y hasta mi alma,

por leer en renglones enrevesados,

sentimientos perdidos que se han quedado.

Me bebería el mundo amor si eso bastara...

Y SI UN DÍA

Y si un día

no encuentras tu camino

si las aguas

no vuelven a su cauce

si las rosas

no provocan ya caricias

o si un día

te duele hasta el alma.

Llámame,

estaremos escuchando

el silencio

aunque estemos

por un mundo separados .

Aun así

sentiremos compañía

solamente

por sentir que respiramos ,

porque cerca

o lejos estaremos

respirando con el alma entre las manos.

Serán almas

conversando en compañía

aunque una

gran distancia las separe.

Si ese día

sientes que me necesitas,

no lo dudes

aunque apenas digas nada,

el silencio

puede consolar a veces

mucho más

que un mundo de palabras.

Estaré

sentada al otro lado

respirando

con el alma entre las manos.

CAFÉ AMARGO

Un café en taza grande

solo y bien azucarado,

y entre sorbo y sorbo estas tú,

pero solo imaginario.

Te sirvo otra taza sin azúcar

realmente estará amargo,

no me gusta imaginarlo,

yo que no paso menos de dos cucharadas

pienso en ello y me atraganto.

Tu sonríes yo me espanto

¿Cómo puedes aguantarlo?

Y tú me dices: eso no es amargo,

amargo es pensar en ti y no abrazarte,

pensarte en otros brazos,

pensarte llorando.

Y entonces entendí

que el café no era un trago amargo,

y me tomé otro café

sin azúcar, pero solo imaginario.

Como tú, en otro sitio,

en otros brazos.

y el café ni lo he notado

porque todo se volvió

sorprendentemente amargo.

¿QUÉ ES EL AMOR?

Que es el amor me preguntas
y yo me quedo pensando,
mirando hacia no se dónde,
pensando en no se cuándo,
y pienso que es difícil
describir algo tan grande.
Amor es querer mirarte
a cada hora a cada instante
y sin saber los motivos
es sentirte sin pensarte.
Es querer mirar contigo
la luna sin decir nada,
y recostar mi cabeza
callada sobre tu espalda.
Es sentir mil mariposas
volando sin tener alas,
es mirarte y sonriendo
entender sin decir nada.
Es que pudiendo hacer todo
no queramos hacer nada
si al hacerlo tenemos

que apartar nuestras miradas.

Es sentir que al acercarnos

sin controlarnos temblamos

y hasta el cabello se eriza

con el roce de las manos.

Es querer cuidarte todo

es mimarte a cada instante

es quererte sin quererlo

y sin poder evitarlo.

Qué es el amor, me preguntas,

no sabría contestarte

es tantas y tantas cosas,

es todo y no es nada,

porque para describirlo

no hay suficientes palabras.

NADA NUEVO QUE INVENTAR

Sin palabras que decir
sin nada que objetar,
porque al final no nos queda
nada nuevo que inventar.
No discutas con la vida
total ya que más te da,
yo aprendí que las distancias
nos enseñan a olvidar.
Que si no encuentras tu sitio
te tienes que conformar,
que el tiempo siempre coloca
cada cosa en su lugar.
Lo que se va de tu vida
es que no debe estar,
hay caminos solitarios
que debemos caminar
mirando siempre al frente
sin volver la vista atrás.
Sin rencores, sin tristezas
sin agobios ¡Que más da!

Total estamos de paso
nada es atemporal.
Para qué sentir tristezas
por las cosas que se van,
si todo en esta vida
tiene principio y final.
Que la vida siempre trae
fecha de caducidad,
no discutas con la vida
total solo perderás.

COMO BARQUITO DE VELA

El pintor que flota en versos
escondidos entre colores
los va buscando despacio
como si buscara amores.
Un barco va navegando
sobre las aguas azules
y entre la espuma que deja
él va pintando aventuras.
Él lo mira cómo flota
con la suavidad del viento,
y va soñando poemas
desgranados en el tiempo.
Al despuntar la mañana
abre sus ojos al mundo
para mirar despacito
su cuadro por un segundo.
Por el día va mezclando
el trabajo y sus pensares
disfrazados de colores
jugando a ser reales.

El pintor que flota en versos

escondidos en colores

los va pintando despacio

como si pintara amores.

Él los pinta y le sonríe,

acariciando en silencio

ese barquito de vela

que navega en la corriente

DIBUJANDO FANTASÍAS

Es un sueño

dibujando fantasías,

tus manos rozan mi piel

como las hierbas al río,

como las aguas al pez,

como los rayos al frío,

que lo alejan sin tocarlo

y sin tocarlo se ha ido.

Es un sueño,

tu mirada en la mía,

acariciando mis ojos

como acaricia la vida,

que ama a quien la quiere

y aleja a quien la olvida.

Es un sueño,

escuchar tu melodía,

cada día al despertar

y cuando se acaba el día,

cada sonrisa un regalo,

cada palabra un suspiro

que va nutriendo mi alma

con la ternura de un niño.

Y voy soñando

cada día un destino,

esos que viven en sueños

y en sueños se terminan,

para hacer que esta vida

sea una vida mas linda

Es un sueño,

dibujando fantasías.

DETRÁS DE LA VENTANA

Sentada en un sofá

contando historias,

hablando por no callar

rompiendo todas las normas.

Pasa el día lentamente

pasa contándonos cosas,

cosas de tiempos mejores

perdidos en la memoria.

Horas lentas,

horas largas,

horas que guardan lamentos,

risas que rompen silencios

y recuerdos en el tiempo.

Pájaros en la ventana

volando allá a lo lejos,

libres como el cielo libres

libertad quien la tuviera.

Detrás de estos cristales

suenan sonrisa al viento,

sonrisas que duermen solas

sonrisas que tienen miedo.

Miedo a que se rompan
los cimientos del proyecto,
proyectos hechos de ideas
esas que quieren ser ciertas,
esas que guardan los sueños
que un día construyera.
Y detrás de la ventana
vuelan miedos y silencios,
vuelan temores dormidos
en los caminos del tiempo.
Acurrucando esperanzas
acunando corazones,
intentando caminar
en medio de los temores.
Y el sueño que nos vence
es alivio y sensaciones,
duerme la vida a ratos
duermen los corazones,
entre sueños que se pierden
entre todos los colores,
de cada mente que sufre,
de cada mente que llora.
Y detrás de la ventana
también viven oraciones,

que van sonando bajito

en miedo y maldiciones.

Vuela el pájaro allá afuera

como hojas en otoño,

que del árbol van cayendo

por todos los callejones,

mientras miramos callados

la vida a borbotones.

MARES

Me prometiste volver
yo me senté a esperar
a que tu piel y mi piel
se pudieran recordar.
A que el olvido otra vez
se cansara de esperar
y decidiera morir
o decidiera marchar.
Pero mi piel recordó,
la tuya tal vez jamás
tal vez no pudo querer
o decidió olvidar.
Y vivir tan solo el hoy
el ayer se quedo atrás
el mañana puede ser
pero ya Dios lo dirá.
Y jugaste a otro querer
a otros labios que besar
mientras mi piel se moría
por mirarte regresar.

Pero no te vio volver

alguien vino en tu lugar

alguien que sin yo querer

me contó de tu bregar,

por esos mares del sur

donde fuiste a navegar.

Y es que

hay mares para querer

y mares para olvidar

todo puede depender

si se quedan o se van.

PENA

Cuál ha sido mi pecado
si quererte es mi condena
si estoy presa de tus brazos
y tus brazos son mi pena.
Pena, penita, mi pena
que arrebata mi conciencia
pena que arrastra mi vida
mas allá de los recuerdos.
Quererte por no quererte
quererte por que te quiero
porque rompen golondrinas
cuando tus ojos me esperan
y vuelan sin dirección,
vuelan porque regresan
al calor de tus abrazos
y tu abrazo es mi muerte.
Si morirme no he pedido
y por morirme no puedo
disfrutar de la sonrisa
enredada en un te quiero.

Ese que nunca te digo

ese que rompe mi pecho

el que nunca has escuchado

pero por él yo me muero

en el calor de tus brazos

de la forma en que yo quiero .

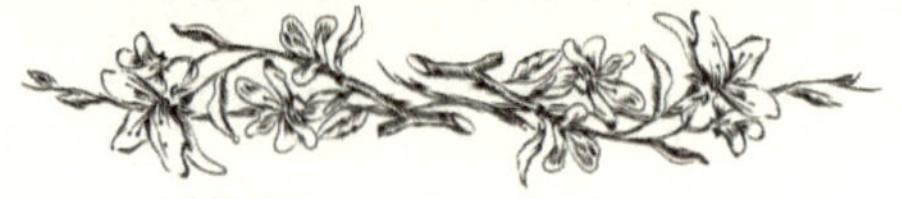

NADA TENGO

Son las palabras puñales
que se clavan en la hondura
de los pilares del alma
robándonos la cordura.
Nada tengo, nada tienes
que anularlas consiga
arrasando la corriente
como las aguas de un río.
En los surcos que ellas abren
nacen penas, nacen dudas,
nacen caricias y besos,
nace amor, nace ternura.
Nace vida, nace muerte.
Nace el camino que pisas
mueren risas, brotan llantos
vuelven pasiones perdidas
y mueren las esperanzas,
que mantenías con vida.

Por el peso que ellas tienen,

por palabras mal escritas

hasta matan inocentes

que merecían la vida.

Tus palabras mis palabras

son como balas perdidas

hiriendo o amando

según como sean dichas.

Son las palabras puñales,

son las palabras caricias

son miedo, son esperanzas

son muerte o son la vida.

GOTAS DE UN MISMO MAR

Al despertar de las olas

somos gotas de un mismo mar

corazones solitarios

que mueren por regresar,

a los confines del tiempo

donde se puedan juntar.

Al despertar de las olas

¿Corazón a dónde vas?

No hay camino suficiente

para que puedas volar.

Eres caballo cansado,

cansado de tropezar

con las piedras que el camino

puso en tu caminar.

Eres paloma que a ratos

necesita descansar

pues tus alas ya se quejan

casi no pueden volar.

Y en el refugio del tiempo

corazón que más te da,

guarda tus melancolías

deja la vida pasar.

Que tormentas de verano

en el invierno se van

pero al despertar de las olas

los dos formamos un mar.

Mi mar, tu mar y el cielo

arena, playa y hogar

corazones solitarios

remando a cualquier lugar,

porque al despertar de las olas

los dos formamos un mar.

SOÑÉ QUE VOLABA

Me arrulló la luna entre su abrazo

me dijo tranquila que yo estoy aquí,

aunque algunas veces tú no puedas verme

estaré presente solo para ti.

Entonces mi pena se volvió ligera

y hasta un poquito pude sonreír

sentí su abrazo cuidando mi vida

y con una sonrisa por fin me dormí.

Soñé que volaba contando estrellas

sentada en la luna por un cielo gris

mis piernas colgando jugaban calladas

y la luna canta solo para mí.

He mirado el mundo desde ahí arriba

lo vi tan pequeño que hasta entendí,

que somos motitas pequeñas de polvo

o piezas de un juego que está por vivir.

Me sentí chiquita en un mundo enorme

mis penas lloraron por última vez,

me he prometido seguir adelante

según sople el viento donde quiera él.

Motitas de polvo contando estrellas

con mis pies colgando en un cielo gris

porque hoy la luna vino a abrazarme

me dijo: Tranquila que yo estoy aquí.

Entonces mi ojos que tal vez lloraban

se cierran callados y yo sonreí,

entonces mis miedos se fueron de fiesta

la luna me abraza y yo me dormí.

DIGO TANTO

Cuando digo que te amo
digo tanto en tan poco,
cuando miro mis adentros
veo abriles, veo rosas,
veo cielos infinitos
guardados en una estrofa.
Veo un mundo chiquitito
donde caben tantas cosas,
no son cosas materiales
son sentimientos hermosos,
es un mundo de cariño
chiquitito pero tierno.
Veo nubes blancas, blancas,
tan blancas como la nieve
como algodón tan suave
que quieres tumbarte en ella.
Y ahí soñar despiertos
tan cerca como se pueda .
Cuando digo que te amo,
cuando digo que te quiero,
digo tantas, tantas cosas

que llenan un mundo entero

porque digo sentimientos

lindos donde los hubiera.

No solo digo palabras

llevan la vida entera.

ENTRE EL CIELO Y EL INFIERNO

Tú me dijiste te quiero

yo me moría por verte

pero mi cielo y mi infierno

se me juntaron a un tiempo

y el corazón me decía

no falles en el intento.

Y mi intento era la vida

y tú eras mi tormento

y mi cielo y mi infierno

se pelean cuerpo a cuerpo,

pero mitad y mitad

y ninguno vence a tiempo,

por eso te has convertido

en mi más bello recuerdo.

Tu me dijiste te quiero

yo me moría por verte

y a pesar de los pesares

fuiste historia en mi tiempo,

pero el tiempo fue amargo

se resistía a creerlo

y ahora ya no sé

a cuál de ellos yo tengo.

Si al cielo o al infierno

si la vida o el tormento

si la sonrisa o el llanto

si muero o estoy viviendo.

Que la vida son dos días

y uno de ellos ha muerto.

El otro no sé muy bien

si llora ó está riendo

pero el pasado se fue

el hoy es lo que ahora tengo.

HAY MARIPOSA

Hay mariposa, no quiebres tus alas,

no rompas silencios, no busques palabras,

que todo en la vida te llega y se pasa

se va calladito igual que ha llegado

se va con el aire abriendo un espacio

donde nada vive, donde nada cabe.

¡Hay mariposa! Si te duele el alma

sonríe y camina que todo se acaba,

no hay nada eterno solo la esperanza

y esta no quiere dormirse en tu cama.

¡Hay mariposa! De capa y espada

peleas sin ver, peleas por nada

si acaso un silencio que nunca se acaba.

¡Hay mariposa! No rompas tus alas

no dejes que el viento te tumbe y te arrastre

levanta el vuelo y sigue danzando

que al doblar la esquina quizás ya se calme.

Cuídate del viento, quizás de la nada

cuida tu sonrisa que nunca se acabe

que la vida es corta y el pensar nos mata,

nos rompe silencios, nos quiebra el alma

y hasta las sonrisas a veces se cansan.

Y duele la vida y nos susurra el alma

¡Hay mariposa! No quiebres tus alas.

SÉ GAVIOTA

Sé gaviota
volando sobre las aguas
alborotando a tu paso
la espuma que se ha formado.
Sé gaviota
y con tu hambre saciada
descansa sobre la arena
de mi alma ya cansada.
Sé paloma
arrullando con tu canto
mis silencios más profundos
que no quieren decir nada.
Pero se ahogan por dentro
con la angustia acumulada.
Sé mi alma gemela
respirando acompasada
cuando el sueño nos venza
porque ya no quedan ganas
de probar de nuestra piel
ese sabor tan salado.

Y yo seré para ti

un verso cada mañana

una rosa en el invierno

sombra fresca en el verano

y la mano que sostenga

tu mano si está cansada.

Seré quien te dé calor

si sientes frío en el alma

y te contaré historias

si te encuentras desvelado,

cuando en la noche despiertes

con el corazón desbocado.

Sé gaviota para mí,

sé paloma,

sé mi alma,

y yo seré quien te arrulle

de noche sobre tu almohada

para que rías feliz

cuando nazca la mañana.

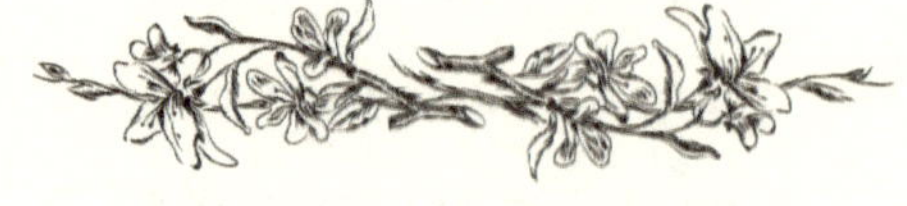

SOLO POEMAS

Solo son poemas
solo eso amor
son cuatro palabras
y una ilusión.
Solo son poemas
solo eso amor
son cuatro palabras
para un corazón.
Corazones cautivos
jugando al amor
jugando a ser grandes
y a ser tú y yo.
Jugando al escondite
jugando al dolor
son solo poemas
que más da amor.
Son rosas y espinas
son miedo y valor
son flechas que vuelan
en cualquier dirección.

Solo son poemas

nada más, amor.

Y ESA ERA

¿Y tú decías que no había poesía?
Pero es que no veías la sonrisa de tus ojos.

QUERER HASTA EL OLVIDO

Hay muchas formas de querer,

dice el que nunca ha querido

quiero tumbarme al sol

y no sentirme herido,

pero el sol quema tu piel

cuando te quedas dormido.

Hay muchas formas de querer,

dice el que nunca ha querido

el amor es pura piel,

es brisa, es mar, es rocío,

es sentirte acompañado

aún con tu mundo vacío.

Es un universo inmenso,

es la lluvia en el estío,

es un mar de espuma blanca,

o un río chiquitito.

Una inmensa flor de dalia,

o pequeña margarita,

un postre de chocolate,

o una amarga bebida.

No, no hay formas de querer

dice el que sí ha querido,

solo manda el corazón

lo demás es puro mito,

si quieres, quiere de veras,

solo si estás convencido,

la vida no te dirá

que elijas tu destino.

Abre bien el corazón

y deja que tu camino

se llene de la ternura

que eso trae consigo.

Y si lloras piensa que,

nada hay que no termine,

o por propia voluntad

u obligado por la vida.

Pero solo hay una forma

y es quererse sin medida,

queriendo tenerse siempre

y querer hasta la herida,

que esto pueda causarte

un día cuando termine,

pero a pesar de todo eso

vale la pena vivirlo.

Querer sin medias palabras

querer aún si has perdido,

que por perder no se borra

lo bonito que has vivido,

se volverá un recuerdo

de lo bueno que has tenido.

Sí, solo hay una forma de querer

y es querer hasta el olvido.

Y DE REPENTE TE ESCUCHÉ

Tanto tiempo sin sentirte

y de repente te escuché

como un cántico lejano

que ha bajado hasta mis pies

he callado de repente

y solamente dejé

que una caricia a destiempo

te trajera hasta mi ser.

Pero no me puse triste

porque te volví a sentir

pues tu alma y la mía

hoy se han vuelto a reunir,

yo no sé lo que dijeron

ni sé por qué estaba aquí

quizás no te dijo nada

yo sí te quiero decir

que tu alma ha venido

en silencio junto a mí.

Tal vez solo quiso ver

si yo seguía sin ti

si lloraba por la noches

o si reía feliz.

Sigo vistiendo de fiesta

mi corazón cada día,

aunque a veces me protesta

yo no escucho su porfía.

Sigo escuchando canciones

sigo sonriendo por mí,

sigo el camino marcado

aunque me duela seguir.

También podría decirte

que escucho aquella canción

pero ahí te mentiría

aún me causa dolor,

y antes de que comience

ya presiono yo el stop.

Me da miedo escucharla

porque algo rompe en mí

y no quiero pegar trozos

para poder sonreír.

Dile a tu alma si quieres

que aprendí a vivir sin ti

pero que guardo un recodo

que cuando quiera venir

tendrá un sitio tranquilo

para charlar y reír ,

al ladito de la mía

si necesita sentir.

Porque tu alma y la mía

hoy se han vuelto a reunir,

la he besado en silencio

y le dije: vuelve allí

que sin ti el no podría

ni amar ni ser feliz.

SIEMPRE NOS QUEDA

Todos tenemos algo por lo que llorar,

todos tenemos algo por lo que reír,

algo que nos motive a caminar,

algo que nos levante para seguir.

Siempre queda en el mundo una esperanza,

siempre queda un recodo para sentir,

siempre podrás decir tal vez mañana,

siempre habrá mariposas volando en ti.

Aún te quedan recuerdos que bailen lentos,

aún quedan latidos de un corazón,

siempre habrá palabras que con su huella

prendan en nuestra alma una ilusión.

Nunca bajes los brazos, nunca te rindas,

porque tal vez mañana sea mejor

que el tiempo tal vez te duela pero no mata

que aún quedan caricias en un cajón.

Sé bien

que todos tenemos algo por lo que llorar

y también tenemos algo por lo que reír,

todos tenemos manos para apoyar

y un cariño inmenso que compartir.

Por eso,

ponle alas al tiempo para volar

y no te olvides nunca de sonreír.

ODA A LA PLAYA

Me gustas así vacía, sin gente,

toda para mí, para mis intentos

de ser sirenita bailando en la arena,

de ser mariposa sobre piedras negras,

ya mis pies descalzos pisando en la arena

busca la esencia de la sal gallega.

Camino descalza, camino con tiento,

pisando recuerdos que siempre se quedan

contando granitos para entretenerse.

Camino descalza por sentir la arena

recogiendo besos que quedaron presos

entre caracolas, algas e intentos,

de alcanzar los labios que eran su deseo.

Me gustas así, vacía de gente

con solo el murmullo de agua en la arena,

espuma que rompe sobre roca negra,

de gaviotas que vuelan buscando el sustento.

Camino descalza y pienso y siento

que soy golondrina volando en silencio

y subo arriba y miro el viento

y cuanto más subo, más grande el silencio.

El mar es inmenso, la playa es pequeña

y el horizonte una linea eterna,

y vuelo en redondo y bajo de nuevo

me gusta mirarte vacía y sin dueño.

Me gustas así, vacía de gente

toda para mí, para mis intentos

y miro a lo lejos y sueño y siento

y escribo algún verso sin tino y sin tiento.

Te imagino así en mis pensamientos

por que me así me gustas,

sola y en silencio.

AÚN ME QUEDA

Aún me queda la vida
enredada entre mis ramas
para curar cicatrices
que hacen llorar al alma
Aún me queda una rosa
debajo de mi ventana
y en la mañana temprano
el canto alegre de un pájaro.
Me queda un corazón
que palpita sin descanso
y unos ojos que si duele
acaban siempre llorando ,
pero al rato sonríen
para poder compensarlo.
Me queda sonrisa y media
en el cuenco de mis labios
es una sonrisa eterna
de esas que fácil salen.
Aún me quedan sentimientos
guardados entre mis lágrimas
que mimarán mis heridas

hasta conseguir sanarlas

y me quedan mis amigos

esos amigos del alma

esos que con su cariño

hacen reír mi mirada.

Hoy os digo: Muchas gracias

por mantenerme arropada,

aunque yo no estuviera

y ni apenas contestara

os llevo aquí guardados

me dais todo por nada.

Mil gracias por el cariño,

mil gracias por las palabras,

que nada hay mas bonito

cuando te duele hasta el alma.

UN CORAZÓN MUERTO

He visto correr el agua

y perdido en la corriente

he creído adivinar,

mi amor,

un corazón muerto.

Ha bajado suspirando

con un montón de deseos,

provocando remolinos

entre las aguas sin freno.

Por mirarlo me he quedado

pensando en quien lo perdiera,

y sentí penita, pena,

pena por su vida entera.

Pues en el agua del río

se lo llevó la corriente

provocando remolinos

entre las aguas sin freno.

Es que he visto correr el agua

y perdido en la corriente

he creído adivinar,

mi amor,

un corazón muerto.

CICATRICES

Cuando la vida me robe las sonrisas

y los te quiero se vuelvan añoranzas,

los recuerdos serán mis cicatrices

y cubriré con ellos mi alma.

Cuando la vida me diga que te añore,

cuando la vida me diga que te extrañe,

juraré por todos los demonios

y dejaré salir ríos salados,

para llenar los tiempos de silencio

y no sentir el vacío de la nada.

Cuando la vida me robe las sonrisas

quizás entonces me encuentre preparada

como la piedra anclada en la bahía

y con la fuerza de la pura montaña.

Cuando la vida me robe las sonrisas

ojalá me encuentre preparada

para no ser velero a la deriva

que se pierde aunque el mar esté en calma.

Cuando la vida me robe la sonrisa

ojalá me encuentre preparada.

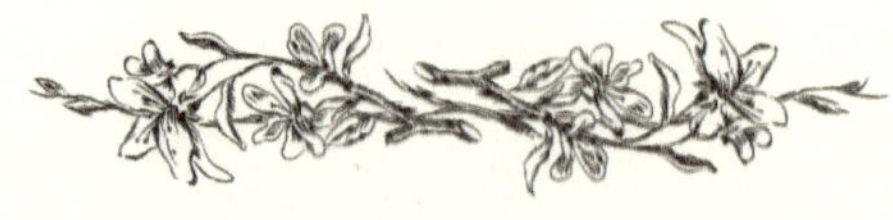

Y ERAS TÚ

Y eras tú

el que movía montañas,

el que creaba recuerdos,

el que nunca se quejaba,

el que a pesar de mis miedos

casi nunca se olvidaba

de guardar una sonrisa

en el cuenco de mi almohada.

Eras tú,

ese guardián de mi alma,

el que bajaba una estrella

para mi a cada rato

y encendía mi luna

en las noches mas aciagas.

Eras mi cielo y mi infierno

eras mi todo y mi nada

eras el duende que siempre

me despertaba al alba

y ponía mariposas

en las flores que inventaba.

Y eras tú

mi sonrisa mas preciada

mi rosa de Alejandría

el calor de mi morada

el que me contaba cuentos

cuando estaba desvelada,

y que siempre me decía

yo te quiero mas que a nada.

Y la nada se enfadó

y entre celos te llevaba

invitándote a perderte

entre sus manos de plata.

Y eras tú

siempre mi todo y mi nada

siempre mirando a la luna

siempre queriendo alcanzarla

siempre rozando la vida

siempre abrazado a mi alma.

Y eras tú

que te convertiste en nada

pues la nada sintió celos

de los besos que soñabas.

pero sigues siendo tú

el que me despierta al alba.

CENICIENTAS EMBRUJADAS

Y el cielo viste de fiesta
y va montando un teatro,
para distraer tus sueños
y al calor de tu mirada,
va dibujando con nubes
cenicientas embrujadas.
Y yo miraba al cielo
y tu reías callado
y a lo lejos se veían
figuras de nubes blancas,
un osito de peluche
desliza sobre la nada,
el suelo son algodones
que cuidan que no se caiga.
Allí veo mariposas,
allá un perro volando
atrapado en su boca
llevaba un pez muy grande.
Mientras nosotros reímos
el viento hace el milagro
y consigue sin saberlo

que el pececito se salve.
Y no te aguantes la risa
ríete a carcajadas,
recuerda que es un teatro
que las nubes se inventaron
porque querían tener
cenicientas embrujadas.
Y ellas se dejan querer
y ya luego se deshacen
solo son nubes que van
solo son vapor de agua,
pero es bonito mirar
como bailan abrazadas.
Porque el cielo estaba triste
por eso montó un teatro,
porque él quería tener
cenicientas embrujadas.

SÍ, A PARTIR DE HOY

A partir de hoy
intentaré guardar mi río
congelado en la corriente
para no crear un mar.
A partir de hoy
mis recuerdos harán cola
para no perder la esencia
de lo que era amar.
Intentare conservar
la sonrisa de la niña
que un día caminaba
con sus brazos hacia el sol,
y mantendré encerrada
la nostalgia de los besos
que la vida fue guardando
en un enorme bozal,
y serán mis cicatrices
las que digan poco a poco
si un día se han de curar.
A partir de hoy intentaré
que mi fuerza

no se vaya decreciendo

al faltar la otra mitad.

Y las hojas del otoño

teñirán de oro y rojo

el suelo de mi salón,

a partir de hoy

la vida se mira incierta

pero los ojos del tiempo

nos mostrarán el camino

y quizás la dirección.

Y costará mil y una

no dejar vencer al miedo,

a la pena, a la duda,

ni llorar al corazón

A partir de hoy.

UN TROCITO DE CIELO

Entre tu voz y mi alma
hay un trocito de cielo,
encerrado en una estrella
para que juegues con ella.
Entre tu alma y mi vida
se esconde una hada buena,
que me regala momentos
engarzados en recuerdos.
Entre tu voz y mi alma
hay un trocito de cielo,
hay una estrella fugaz,
hay todo un mundo perfecto.
Una historia hecha relato,
un sueño que no es cierto,
un susurro que le habla
a un mundo de silencio.
Un poema nunca escrito,
una canción que no suena,
una música callada,
una rosa en primavera
que pelea por brillar

perdida entre la hierba.

Y una playa chiquitita

escondida entre maleza,

donde susurran las hadas

poesías a los duendes,

entre tu alma y mi vida

hay un trocito de cielo.

ESCRIBÍ TU NOMBRE

Escribí tu nombre sobre la arena
y al darme cuenta yo lo borré
pues no quisiera que una ola
borre tu huella y no dudé,
he decidido llevarlo escrito
sobre mi alma y mi corazón
para que nadie pueda borrarlo
y dejarme el hueco de este amor.
Escribí tu nombre sobre la arena
y una paloma vino hasta mí
para mirar que al escribirlo
yo te he sentido mirando aquí.
Y una sonrisa llenó mi cara
y se veía tanto amor
que la paloma voló a mi hombro
y por un rato ahí se quedó.
Tal vez quería que no llorara
cuando sintiera que no es verdad
que estabas lejos de mis abrazos
solo mentía mi soledad.

Y al dame cuenta cerré los ojos

borré mis rayas y me marché

tal vez mañana pueda escribirlo

y poner al lado: Ya te olvidé.

HAY MI DIOS

Hay mi Dios
ese Dios que no se ve
ese que siempre se esconde
y al que hay que querer
si me puedes escuchar
yo te quiero proponer,
no te pido grandes cosas
ni bienes para crecer,
solo quiero la ternura
del cielo al atardecer.
Que mi alma dance libre
sin miedo a lo que ha de ver
y poder querer en paz
a mi gente y a mi ser.
Hay mi Dios
dame paz para creer
que las cosas de la vida
son las que tiene que haber,
y los caminos que trazas
tienen su razón de ser,
aunque a veces nos duelan

o nos cueste recorrer.

Que la risa sea mi agenda

donde pueda proponer

que nunca falten en la vida

razones para creer,

que siempre habrá un mañana

que sea mejor que ayer.

A cambio yo te diré

que te quiero prometer

poner todo el corazón

en lo que me toque hacer,

y querer a los demás

como tú enseñaste a hacer.

Somos pasos sobre el mar

eslabones de un querer

que se rompe a cada rato

porque no sabemos ver,

que cada uno depende

del otro a más no poder.

Dame alas para volar,

cariño para entender

que solos no somos nada

si dejan de sostener,

esas manos que enlazan

cada uno a cada quien.

Hay mi Dios

yo te quiero proponer

déjame querer al mundo

así como debe ser

solo dame la ternura

del cielo al atardecer

TRAS LAS ALAS DE UN ÁNGEL

Tras las alas de un ángel

he intentado volar

yo quería alcanzarlo

no se pudo quedar.

No quería del ángel

nada más que su piel,

no buscaba más nada

que poderlo tener,

al ladito del alma

contagiarme de él ,

de su inmensa ternura

de su risa y su ser.

Tras las alas de un ángel

he intentado volar,

mas el ángel sabía

que me iba a quedar,

y varada en la arena

lo he mirado marchar.

Deseando que el tiempo

le regale un lugar

donde haya cariño

y un mundo de paz,

donde pueda reír ,

donde pueda amar ,

y se olvide que un día

le miraba marchar

como miras la vida

sin poderla parar.

Tras las alas de un ángel

he intentado volar,

pero solo fue un sueño

de una noche irreal.

Índice

www.ingramcontent.com/pod-product-compliance
Lightning Source LLC
Chambersburg PA
CBHW031319160726
47993CB00001B/475